EL GRAN MISTERIO DEL ACERTIJO

por Ricardo Oteiza
Ilustrado por Leanne Franson

MODERN CURRICULUM PRESS
Pearson Learning Group

1-800-321-3106
www.pearsonlearning.com

CONTENIDO

CAPÍTULO 1

Lo que vio Jody

La última semana de marzo estuvo fresca y sin nubes. Cuando Jody Martín iba camino al Parque de Quincy después de salir de la escuela, pensaba, —Me alegro de tener fútbol hoy, así me puedo calentar un poco.

Luego de 20 minutos de calentamiento, la entrenadora Williams la llamó: —Tenemos el tiempo justo para un partido de práctica.

Durante la primera mitad del partido,
Jody, que era la portera, bloqueó todas las
patadas. Pero a medida que se hacía más
oscuro, le costaba más y más trabajo ver la
pelota. Por fin, una pelota voló por encima de
la cabeza de Jody y sobre la portería. Se fue
rodando hacia unos árboles que había al
borde de la cancha.

—¡Yo la traigo! gritó Jody a sus compañeras
de equipo. Salió corriendo tras la pelota que
se alejaba.

La pelota rodó hasta que se perdió debajo de un grupo de pinos. Jody se agachaba mientras corría para mirar debajo de las ramas bajas en busca de la pelota.

De repente, vio algo blanco entre los árboles. Pero era demasiado grande para ser la pelota. También parecía brillar.

Jody se detuvo a mirar entre las ramas. La cosa blanca parecía un domo grande. —¿Qué podrá ser? —pensó.

Súbitamente, una luz brilló. Era tan brillante que lastimaba los ojos de Jody. Ella se los tapó, y entonces abrió los ojos entre los dedos para mirar.

Dos figuras aparecieron delante del domo y comenzaron a caminar hacia ella. Parecían ser personas, pero caminaban algo tiesas. A medida que se acercaban, Jody pudo ver que las figuras eran plateadas y brillantes y que tenían grandes cabezas redondas.

—¿Qué está pasando? —se preguntó Jody. Rápidamente miró a su alrededor. No vio nada ni a nadie más.

Lo único que se le ocurría era una idea imposible. —Quizás es algo del espacio —pensó—. Es un objeto volador no identificado. ¿Qué hace un OVNI en el Parque de Quincy?

Entonces la luz brilló de nuevo. Jody se cubrió los ojos. Una ráfaga de viento le pasó por al lado y las luces se apagaron.

Sin mirar, Jody dio media vuelta. Mientras corría y corría pensaba —las demás niñas nunca me creerán.

CAPÍTULO 2

Comparemos notas

Jody tuvo razón. Nadie del equipo le creyó. En vez de eso, se burlaban de ella por tener miedo de ir a buscar la pelota entre los árboles oscuros. La entrenadora Williams no quiso molestarla y dijo que probablemente la poca luz bajo los árboles le hizo ver algo que no había.

Jody se enojó. Ella no era alguien que se asustara fácilmente o que se imaginara cosas.

A la mañana siguiente, Jody recogió el periódico mientras se preparaba para desayunar. Se quedó sorprendida cuando leyó la primera plana. Los titulares decían: "OVNI visto en el Parque de Quincy".

—Mamá, papá, ¿vieron este artículo en el periódico? —preguntó.

—Sí —le contestó su papá—. ¡Qué tontería! ¿eh? Alguien ve algo extraño y ya todo el mundo cree que es un OVNI.

—Bueno, no ha sido identificado —dijo la mamá de Jody—. Pero todo el mundo piensa que "no identificado" quiere decir una nave espacial.

—Dice el artículo que mucha gente vio el OVNI y que muchos han llamado a la policía. ¿Es cierto, mamá? —preguntó Jody.

—Sí, fue de locos anoche en la estación de policía —le contestó su mamá. La Sra. Martín era oficial de la policía de Quincy.

—El periódico parece saber más que nosotros —agregó.

Cuando Jody llegó a la escuela se enteró de que sus compañeras del equipo habían contado a toda la escuela que Jody Martín había visto un OVNI en el parque. Empezaron a lloverle las preguntas tan pronto puso pie en la escuela. Jody estaba algo molesta con sus compañeras de fútbol. Ellas no le habían creído ayer.

Los amigos de Jody, Brad Ming, Tina Pérez y Ben Stubbs la rescataron del gentío.

—¡Nosotros también lo vimos! —dijo Ben nervioso.

—¿Ustedes vieron el OVNI? —preguntó Jody.

—Sí, yo estaba sacando al perro a dar un paseo —dijo Ben.

—Yo venía de regreso del mercado con un envase de leche que me encargó mi mamá —dijo Tina.

—Yo estaba camino a la reunión de los Niños Exploradores en la escuela —dijo Brad—. *Yo* creo que era solamente un ONI. No estaba volando. Estaba en tierra —agregó.

—Hablemos de esto al salir de la escuela —dijo Jody. Fue la primera vez que pudo sonreírse ese día.

Cuando salieron de la escuela se fueron de prisa a casa de Jody. Cada cual contó lo que había visto en el parque. Todos estaban de acuerdo en que se trataba de una luz brillante. Ben había visto las figuras plateadas brillantes también, pero de más lejos. Únicamente Jody había sentido y oído un viento fuerte.

—¡Esto es un misterio de verdad! —dijo Ben.

—Apuesto a que podemos resolverlo —dijo Brad.

—Estábamos todos en el parque cuando pasó —dijo Tina—. Así que ya tenemos unas pistas.

—¿Qué piensas, mamá? —preguntó Jody. Su mamá se estaba preparando para ir a trabajar.

—Si ustedes se van a poner a investigar este misterio, les recomiendo que lo hagan con cuidado —dijo la Sra. Martín—. Veré lo que pueda averiguar en la estación de policía.

—Gracias, Sra. Martín —dijo Tina.

—Es poco probable que esto sea en realidad una nave espacial —añadió la Sra. Martín—. La mayoría de estos sucesos tiene una explicación muy simple.

—Lo sabemos —dijo Ben. Entonces se volvió hacia el grupo y les dijo—: Piensen, ¿qué pasaría si fuera de verdad un OVNI?

A él le encantaban los misterios y las cosas raras.

CAPÍTULO 3

El primer acertijo

Al día siguiente, los cuatro amigos comenzaron a preguntar a sus compañeros de escuela lo que habían oído o visto. Cada cual tomó notas.

Más tarde se reunieron en casa de Brad. Cada uno traía ejemplares de *El Diario de Quincy*. Los padres de Brad los invitaron a comer pizza.

Abrieron los periódicos sobre la mesa. Comenzaron a leer los artículos para descubrir cualquier pista posible.

—Miren esto —dijo Jody. Señaló algo en la página al final del artículo sobre el OVNI.
—¿Qué es esto?

Brad tomó el periódico y leyó,

> ¿Pueden resolver esto?
> ¿Qué guarda un momento en el tiempo
> y cuenta una historia?

—Me parece algún tipo de acertijo —dijo.

—No entiendo —dijo Ben—. ¿Qué quiere decir "un momento en el tiempo"?

—Pues, aparece al final del artículo de hoy sobre el OVNI —dijo Jody.

Todos vieron el titular "Desaparece OVNI de repente".

—El acertijo no parece formar parte del artículo —añadió Tina—. Creo que puede ser algún concurso del diario.

En ese instante sonó el timbre. El Sr. Ming pensó que sería la pizza.

En vez del repartidor de pizza, se trataba de dos hombres desconocidos. Uno llevaba una cámara enorme. El otro tenía una libreta y una grabadora en mano.

—Buenas tardes —dijo el hombre de la grabadora—. Me llamo Reggie. Éste es Pete. Somos de *El Diario de Quincy.*

Reggie miró por encima del hombro del Sr. Ming. —¿Eres Brad? —le dijo mientras lo saludaba.

—Sí —dijo Brad—. ¿Qué desea?

—Hemos estado investigando sobre el OVNI en el parque. Sabemos que tú has estado haciendo muchas preguntas también —le dijo Pete a Brad.

Reggie se volvió hacia Jody. —Nos han dicho que viste un platillo volador en el parque —dijo.

—Todos lo vimos —dijo Brad—. Y no estaba volando.

—Ni siquiera estamos seguros de que fuera un platillo —agregó Jody.

—¿Lo vieron de cerca? —preguntó Reggie.

—¡Bastante cerca! —dijo Tina calmadamente.

Una luz brillante y repentina los hizo saltar. Era Pete tomándoles fotos.

—¡Un momento! —gritó el Sr. Ming.

—¿Dónde vieron a los extraterrestres?
—preguntó Reggie.

—Estaban fuera del domo —contestó Jody—.
Pero no estamos seguros de lo que eran.

—¿Entraron a la nave espacial? —preguntó
Reggie—. ¿Vieron despegar la nave?

—No estoy seguro —dijo Ben.

Pete siguió tomando fotos hasta que el Sr.
Ming lo detuvo. —Quiero que salgan de aquí
ahora mismo —les dijo seriamente.

—¿Qué fue todo eso? —preguntó Jody.

—Me parece que el periódico está tan interesado como nosotros en saber lo que pasó —dijo Brad.

—Creo que la única manera que tenemos para llegar a saber lo que pasó antes que la gente del periódico es regresando al parque para mirarlo todo —dijo Ben.

—Me pregunto qué es lo que podremos encontrar —dijo Tina.

CAPÍTULO 4
El parque de noche

—No van a ir al parque solos de ninguna manera —dijo el Sr. Ming—. Los acompañaré.

—Quizás mi mamá nos acompañe también —dijo Jody—. Es posible que ya ella haya terminado su turno.

Jody llamó a su mamá mientras que Brad y su papá buscaban linternas.

El Sr. Ming y los niños se reunieron con
la oficial Martín en la entrada del Parque de
Quincy. El sol recién se ponía. Una brisa
fría soplaba.

—Parece invierno, a pesar de que estamos
en primavera —dijo Jody—. No puedo creer
que estamos casi en abril —dijo entre
escalofríos.

—Bien, vamos —dijo la oficial Martín—.
Jody, dínos dónde es que viste el OVNI.

Jody dirigió al grupo hacia una lomita.
Se detuvo ante los pinos donde había ido
a parar la pelota.

—Todos alerta —dijo la oficial Martín.

—Lo único que veo es hierbas y matorrales —dijo Brad.

—¡Miren! ¡Miren esto! —dijo Jody—. Ahí está la pelota de fútbol.

—Todos murmuraban mientras Jody recogía la pelota. —Bueno, la entrenadora Williams va a ponerse muy contenta —agregó ella.

—¡Oigan! —dijo Tina. Todos se callaron. —Oigo un sonido de algo goteando.

—Suena como agua —dijo la oficial Martín.

Apuntaron sus linternas al suelo, pero la
tierra estaba completamente seca.

—¡Miren esto! —dijo Ben en voz alta.
Sujetaba algo para mostrarlo a los demás.

El Sr. Ming lo tomó. —Sólo es un pedazo
de globo —dijo.

—Eso no nos dice nada —suspiró Tina.

—Está demasiado oscuro para poder ver nada ahora —dijo la oficial Martín—. Regresemos a casa.

Dieron la vuelta para irse del parque. Nadie habló. Todos se sentían molestos.

Entonces, cuando estaban a punto de entrar a la cancha del fútbol, Tina se detuvo. —¡Míren! —gritó—. ¡Es el OVNI!

Se pararon a mirar. Un domo brillante sobresalía de entre los árboles.

Al principio, Jody pensó que el objeto redondo parecía ser el OVNI. Pero luego, se dio cuenta de su error. —Es la luna —dijo.

Así era. La luna estaba saliendo. Estaba grande, brillante, era luna llena y se veía enorme entre los pinos.

—*Sé* que no era la luna lo que vi aquella noche —dijo Jody.

—Te creemos —dijeron Brad, Tina y Ben.

CAPÍTULO 5

Adivinanzas y pistas

Estaban desilusionados por haber perdido el tiempo en el parque. Dudaban si podrían resolver el misterio algún día.

Los cuatro amigos finalmente acordaron que nunca se darían por vencidos. Así que decidieron ponerse a buscar más pistas.

Brad comenzó por el periódico. Todos los días guardaba *El Diario de Quincy*. Recortaba los artículos relacionados a los OVNI. Pronto contaba con varios titulares que decían "¡Aterriza OVNI en un parque!" "¡Extraterrestres celebran picnic en el Parque de Quincy!" "¿Regresarán los extraterrestres?" y "De la ciudad al OVNI: ¿Y ahora qué?"

Brad también recortó varios acertijos. La adivinanza del lunes decía,

Flotando por toda la ciudad,
¿lo que sube tiene que bajar?

La del martes decía,

¿Dónde crece el acebo
en el bosque?

El miércoles halló esto:

¿Qué vale más que mil palabras?
¡Resuelva esta adivinanza y obtendrá
el premio!

Brad no estaba seguro, pero empezaba a pensar que los acertijos tenían algo que ver con los OVNI.

33

Tina halló una pista de regreso de casa de su tía Luisa. Ella y su familia iban en el tren cuando éste fue más despacio y entonces se detuvo.

Una voz habló por el altoparlante. —¡Atención! Hay problemas en los rieles. Tendremos que cambiar a la línea antigua de Quincy.

—¿Cuál es la línea antigua de Quincy? —preguntó Tina.

—Va por debajo del parque —dijo el padre—. La estación ha estado cerrada debido a problemas con el agua. Hay un arroyo subterráneo que corre por debajo de la estación.

El padre de Tina añadió—: Todavía usan esa línea cuando es necesario.

—¿Aún se puede llegar a la estación desde el parque? —le preguntó.

—Las escaleras están cerradas, pero creo que hay una entrada que utilizan los trabajadores —le contestó.

Cuando el tren pasaba despacio por la estación abandonada, Tina se puso a pensar. "Agua chorreando" se dijo. Recordó lo que había escuchado la otra noche en el parque.

Mientras que Tina pensaba en el agua y en las estaciones del tren subterráneo, Jody estaba camino a casa de Brad. Quería ayudarlo con la fiesta de su hermanita.

Se sentaron en el piso de la sala para inflar los globos. Brad estaba tan ocupado con los acertijos que no se puso a pensar en lo que estaba haciendo. En eso uno de los globos se reventó mientras lo inflaba.

Jody sintió el aire contra su rostro. Esto le hizo recordar algo.

—¡Eso es! —exclamó.

Mientras que Tina, Brad y Jody trataban de entender las pistas, Ben se ocupaba en su cuarto de pensar en el OVNI. —Ojalá que hubiera tenido la cámara aquella noche —pensó—. De ser así, hubiera podido tomar una foto.

Ben tomó su cámara de la mesa. Mientras la observaba, accidentalmente oprimió un botón. De repente, el flash se encendió frente a su cara.

Por unos segundos, Ben no pudo ver nada. Fue entonces que recordó la noche en que vio el OVNI.

—¡Esa noche vi un destello de luz también! —gritó.

CAPÍTULO 6

Solución

Ben se apresuró a llegar temprano a la clase la mañana siguiente. Corrió hacia sus amigos.
—Creo que ya sé lo que ocurrió.
—Y yo también —dijo Tina.
—Y yo también —dijo Jody.

Ben habló primero. —La noche que hallamos el OVNI vimos un domo brillante. Fue entonces que vimos un destello, ¿no es así? —preguntó. Todos asintieron. —Pues bien, anoche, accidentalmente encendí el flash de mi cámara. No pude ver nada por varios segundos. Igual que en el parque. Quizás fue que se encendió el flash de una cámara grande. Pudiera ser esa luz la que le dio la oportunidad a alguien de escaparse sin ser visto.

—Yo vi un domo —dijo Brad—. ¿Cómo explicar eso?

—Yo lo puedo explicar —dijo Jody—. Me puse a inflar globos la otra noche con Brad. Uno de los globos se reventó. El sonido y el aire que salió del globo me hizo pensar en lo que oí y sentí esa noche cuando desapareció el OVNI.

—¿Qué globo tiene ese tamaño? —preguntó Ben.

—Podría ser un globo meteorológico —dijo Jody—. ¿Recuerdan aquel trozo de globo que hallamos?

—Quizás hubo gente que pudo hacer esto —dijo Brad—, pero no lo creo. No habrían tenido tiempo. Habrían tenido que cruzar el campo para preparar las cosas. Y luego tendrían que desaparecerlo todo antes de irse.

—Creo que puedo dar la respuesta a eso —dijo Tina—. ¿Qué les parece si trajeron todo desde debajo de la tierra? —Les contó lo que sabía acerca de la estación subterránea antigua del tren.

—¿Pero quién daría una broma tan complicada? —preguntó Jody—. Necesita mucho trabajo.

—¿Cuál es el chiste? —dijo Ben.

—Alguien quiere que pensemos que aterrizó un OVNI para engañarnos —contestó Tina.

—Creo saber quién pudo haber sido —dijo Brad. Mostró El Diario de Quincy. El titular decía "¿PRONTO UNA INVASIÓN?" Apuntó hacia el acertijo al pie de la página. *¿En qué época del año se puede ser engañado?* Entonces señaló la fecha, 1ro. de abril.

—Hoy es el Día de los Inocentes —explicó.

CAPÍTULO 7

Lo que averiguaron

En ese momento, la Srta. Ramos, la maestra, se acercó a ellos. Los había oído hablar del OVNI.

—¿Han podido descubrir algo acerca de este OVNI? —les preguntó.

—Casi lo tenemos resuelto —dijeron los niños. Le contaron sobre las pistas que habían reunido entre todos.

—Tenemos que regresar al parque —dijo Ben—. Debemos regresar esta noche.

—¿Quién los va a acompañar? —preguntó la Srta. Ramos.

—Mi mamá seguro que irá con nosotros —dijo Jody—. Ella es oficial de la policía.

—Y mi papá, también irá —dijo Brad.

—Me gustaría ayudarlos —dijo la Srta. Ramos—. Pero es hora de que comencemos la clase de matemáticas.

Esa noche, la Srta. Ramos fue a casa de los Martín. El Sr. Ming, Brad, Tina y Ben ya se encontraban allí.

—¿Estás diciendo que lo que viste no fue real? —preguntó la oficial Martín a Jody.

—*Fue* real —le contestó Jody—, pero no era lo que aparentaba ser. Alguien nos engañó. Alguien nos hizo *pensar* que habíamos visto un OVNI.

—Todavía no hemos resuelto todos los acertijos —dijo Brad—. Estamos seguros de que los acertijos tienen algo que ver con los OVNI.

—Creo que tengo algunas ideas sobre los acertijos —dijo la Srta. Ramos—. Dos de los acertijos fueron "¿Qué guarda un momento en el tiempo y cuenta una historia?" y "¿Qué vale más que mil palabras?" Después que Ben habló de cuando el flash de su cámara se encendió, pensé que esos acertijos podrían significar el destello del flash de una cámara y una foto.

Todos estuvieron de acuerdo.

—Entonces cuando Jody habló del globo,
pensé en el acertijo "Flotando por toda la ciudad,
¿lo que sube tiene que bajar?" —continuó la
Srta. Ramos.

—¡Un globo! —dijo Jody.

—¿Pero qué quiere decir el otro, "¿Dónde
crece el acebo en el bosque?" —preguntó Brad.

—Ése es difícil —dijo la Srta. Ramos.

—Regresemos al parque para buscar la entrada al tren subterráneo —dijo Ben. Todos estuvieron de acuerdo.

Estaba oscuro a la hora que llegaron al Parque de Quincy. Se aseguraron de que sus linternas tuvieran pilas nuevas.

—Éstas son las reglas que tienen que seguir —dijo la oficial Martín—. Manténganse cerca unos de otros, y tengan cuidado. Griten si ven algo.

Entraron al parque, caminando tan silenciosos como les era posible. La brisa soplaba entre los árboles y el aire amenazaba lluvia. Se oyó un trueno. Apresurándose tanto como podían, llegaron al sitio donde apareció el OVNI.

—La entrada antigua del tren subterráneo queda por aquí —dijo la oficial Martín. La siguieron hacia el lugar. Sólo encontraron unos cuantos escalones de una escalera que llevaba a una pared de ladrillos.

—Nadie pudo haber pasado por aquí —dijo Tina, desilusionada.

—Por aquí —dijo el Sr. Ming. Él estaba
parado frente a una tapa que sobresalía del
suelo. —Creo que es la entrada de servicio
al tren subterráneo.

—Ayúdame a levantar esta tapa —dijo la
oficial Martín al Sr. Ming. Entre los dos
tomaron la tapa ya dispuestos a cargarla.

—¡Esperen! —dijo Tina—. ¡Oigan! —Se detuvieron a escuchar. Desde debajo del suelo se oían sonidos que parecían ser voces. Se acercaban cada vez más.

—¡Pronto! —dijo la oficial Martín—. ¡Escóndanse!

Ella y el Sr. Ming soltaron la tapa. Salieron todos corriendo hacia los arbustos.

CAPÍTULO 8

Con las manos en la masa

Escondidos entre los arbustos, apagaron sus linternas. Nadie podía ver bien.

De repente, las voces parecían salir de debajo de la tapa. Se oyó un sonido metálico mientras la tapa se levantaba.

—Si puedes móntalo todo. Yo todavía puedo tomar la foto. Con eso ha de ser suficiente —dijo la voz.

Un hombre salió de la tierra, cámara en mano. Tres hombres le siguieron. Dos de ellos llevaban un tipo de traje plateado, como los de un piloto de autos de carrera. Llevaban un montón de tela que parecía hule, dos lámparas gigantescas de fotógrafo, mangueras, un tanque enorme de metal y dos cascos grandes con viseras.

—Sé quién es el hombre de la cámara. Es Pete de *El Diario de Quincy* —susurró Brad.

Cuando habían montado el equipo parcialmente, Ben salió corriendo de entre los matorrales. Apuntó su cámara y tomó tres fotos, una tras la otra. Los destellos del flash de la cámara iluminaron el lugar.

Los hombres dieron un salto de sorpresa.

—¿Qué sucede? ¿Quiénes son? —dijo Reggie sorprendido. Miró a Ben. —¿Qué estás haciendo tú aquí? —le preguntó.

—Somos nosotros los que queremos saber lo que ustedes están haciendo aquí —dijo la oficial Martín mientras ella y todos los demás salían de los matorrales.

Los hombres vestidos de pilotos de carrera estaban muy sorprendidos. —Vámonos de aquí —dijeron.

De pronto, todos parecían estar corriendo
de un lado para otro. Los hombres vestidos
de plateado recogieron sus equipos. Entonces,
antes de que nadie pudiera alcanzarlos,
salieron corriendo del parque. Reggie y Pete
les siguieron.

—Oh, no —gritó Tina—, ¡Se escaparon!

—No, no del todo —dijo Ben—. Los tengo aquí
dentro —dijo mientras mostraba su cámara.

Al día siguiente, la Srta. Ramos llevó el rollo a un centro de revelado rápido. Regresó a buscarlo al salir de la escuela esa tarde y lo llevó a casa de Jody. Brad, Tina y Ben ya estaban allí.

La Srta. Ramos colocó las fotos sobre la mesa. —Están algo borrosas —dijo ella—. Nos va a costar trabajo probar quién inventó el OVNI.

—¡Miren! —señaló Ben una de las fotos—. Ése es el tanque que llevaban esos hombres. Tiene algo escrito en él.

Todos se acercaron a ver bien la foto. —Dice "Estudios de Cine Metro" —leyó Jody.

—¡Es la respuesta al último acertijo! —gritó Brad—. ¡Bosque en inglés se dice "wood" y acebo se dice "holly", o sea, Hollywood!

—Si van a hacer una película —dijo la Srta. Ramos—, esta foto es una prueba.

—Creo que es hora de que llamemos al periódico —dijo la oficial Martín—. ¡Vamos a aclarar este misterio de una vez por todas!

Fue al teléfono e hizo una llamada. —Deseo hablar con un reportero llamado Reggie —dijo ella—. Dígale que tengo pruebas de lo que era el OVNI en el parque.

CAPÍTULO 9
¡Ganadores!

Tenían razón sobre lo de la película. Cuando a Reggie y a Pete les hablaron de la foto, enseguida fueron a casa de Jody.

—Esos hombres *son* de los Estudios de Cine Metro —dijo Reggie—. Están tratando de crear interés en una película de los Estudios de Cine Metro que piensan filmar aquí. Le pidieron ayuda al periódico. Es por eso que hemos estado publicando artículos sobre los OVNI.

—¡Una película filmada en Quincy! —dijeron a coro los niños—. ¡Que fantástico!

—¡Un momento! dijo la oficial Martín—. Mucha gente ha estado preocupada por lo que ha estado pasando. ¿Cuándo es que tenían pensado informar al pueblo sobre esta broma? —les preguntó.

—El jefe de publicidad de los estudios va a llegar este fin de semana. Teníamos pensado explicarlo todo en esa ocasión —dijo Reggie.

—¿Y los acertijos? —quiso saber Brad—. ¿Son parte de esta broma?

—Sí lo son —dijo Reggie—. Íbamos a anunciar el ganador del concurso en esa ocasión también.

—Bueno, creo que es mejor que anuncien todo eso ahora —dijo la oficial Martín, señalando a Ben, Brad, Tina y Jody.

Ese fin de semana, la familia de Tina
organizó una gran fiesta para celebrar la
solución del misterio. El Sr. Stubbs hizo
un pastel muy grande en forma de platillo
volador. La Sra. Pérez trajo una fuente
enorme de ponche de frutas.

Brad llegó, trayendo consigo un ejemplar de
El Diario de Quincy. —¡Miren esto!

Todos se agruparon alrededor del periódico para leer los titulares. Decían, "CHICOS DE QUINCY RESUELVEN ACERTIJO".

—¡Miren! —Jody señaló el pie de página—. Esa es la foto que tomó Ben.

—¿Qué fue lo que ganaron por resolver el misterio? —preguntó el Sr. Pérez.

—Pues salimos fotografiados en el periódico
—dijo Ben.

—Oigan, todos. Tengo algo para ustedes
—dijo Tina, sujetando una bolsa de papel.
Sacó algunos regalos que ella había hecho.
Eran antenas de alambre con bolas de espuma
de goma en las puntas. Cuando uno se ponía
las antenas las bolitas se movían para arriba y
para abajo.

—Mírenme —dijo ella—. Soy una extraterrestre.
Todos se rieron.

—Jody, cuéntales la mejor parte —dijo la oficial Martín.

—La persona a cargo de la publicidad de los Estudios de Cine Metro llamó esta mañana —dijo Jody—. Quiere que seamos extras en la película.

—¡Vaya! ¡Vamos a estar en una película! —Ben, Tina y Brad aplaudieron.

—¿Qué estrellas salen de día? —preguntó Jody.

—¡Las estrellas de cine! —contestaron los niños a gritos, mientras el Sr. Stubbs les tomaba una foto.

GLOSARIO

acertijo adivinanza que puede ser una pregunta
o una afirmación que contiene un significado
escondido o que es difícil de adivinar

antenas par de extremidades que salen de la
cabeza de los insectos o alambres que salen de
radios o televisores para recibir o emitir señales

domo estructura con techo redondo, en forma de
media esfera o globo

extras personas contratadas para aparecer en una
película generalmente como parte de una multitud

extraterrestre persona de otro planeta fuera de
la Tierra

fotógrafo persona cuyo trabajo es tomar fotografías
con una cámara

no identificado que no se conoce o reconoce

publicidad información que se anuncia sobre
una persona, lugar o evento, como en el caso
de una película

tren subterráneo tren en ciudades que viaja
bajo tierra

turno tiempo de trabajo de un empleado de cierta
hora a cierta hora